AF258289

# LES ORPHELINS

# D'ALSACE-LORRAINE

PAR

## M. HIPPOLYTE MAZE

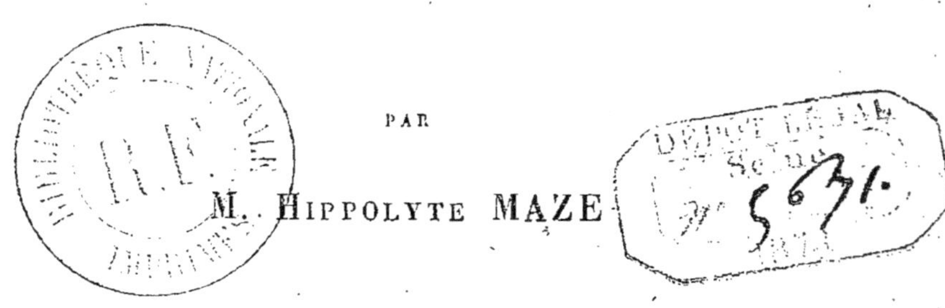

DISCOURS

PRONONCÉ DANS LA MATINÉE PATRIOTIQUE
DONNÉE LE 11 MAI 1873 A PARIS (THÉATRE DE LA GAÎTÉ)
AU BÉNÉFICE DES ORPHELINS ALSACIENS-LORRAINS

PARIS

LIBRAIRIE GERMER BAILLIERE

RUE DE L'ÉCOLE-DE-MÉDECINE, 17

1873

PARIS. — IMPRIMERIE DE E. MARTINET, RUE MIGNON, 2

# LES ORPHELINS

# D'ALSACE-LORRAINE

---

MESDAMES, MESSIEURS,

Mon premier mot doit être un remercîment pour ce grand auditoire, pour tous ceux qui sont venus aujourd'hui nous apporter leur obole; ils prouvent, une fois de plus, que les nobles pensées, que les résolutions patriotiques, sont toujours comprises à Paris; qu'ils veuillent bien recevoir l'expression très-sentie de notre reconnaissance.

## I

Le Comité de l'œuvre des orphelins d'Alsace-Lorraine m'a prié de vous exposer ce qui a été fait pour ces chers enfants; je m'acquitterai de cette tâche brièvement, simplement surtout; je ne viens pas chercher ici un succès facile en réveillant, en exaltant vos légitimes ressentiments; l'heure est solennelle; dans l'attente du grand événement qui doit rendre la France à elle-même (du moins ce qui nous reste de la France), il convient, en tous sens, de mesurer ses paroles ; au milieu des grandes épreuves que subit la Patrie et qui, hélas! ne sont pas toutes imméritées, parmi ces jours douloureux qu'elle traverse, notre mot d'ordre doit être : modestie dans la dignité. Ne déclamons pas à propos de la revanche ; recueillons-nous ; connaissons nos fautes et essayons de les réparer ; cherchons à cicatriser tant de plaies encore béantes, à préparer l'avenir ; l'œuvre dont je viens vous entretenir tend pour sa part à ces virils et féconds résultats.

Vous savez, Messieurs, comment les Alsaciens-Lorrains répondirent au vainqueur qui ne leur laissait de choix qu'entre les plus cruelles extrémités ; réduits à abandonner le sol natal ou à devenir Prussiens, ils choisirent en masse l'exil ; résolution impolitique peut-être, à coup sûr admirable, sublime, qui émut profondément la mère patrie ! Aussitôt s'organisèrent des Comités qui vinrent en aide aux émigrants ; on recueillit, on distribua des sommes considérables ; on rivalisa de générosité envers ceux qui avaient tout sacrifié pour la France ; on leur rendit du pain, du travail, un peu de calme et d'espoir.

Dans ce magnifique élan, on n'avait cependant point songé d'abord aux enfants abandonnés, aux orphelins. Les orphelins ! les enfants ! voilà ceux que frappent surtout la guerre et la conquête, et combien j'admire le jeune sculpteur (1) qui voulant nous donner au Salon de cette année une image

_________

(1) M. Maximilien Bourgeois, artiste du plus grand avenir, dont plusieurs travaux importants figurent déjà dans nos musées.

des tristes luttes humaines, a taillé dans le marbre un enfant robuste frappé au front d'un obus meurtrier! Mais les morts ne sont pas les plus à plaindre et la tendre pitié qu'ils inspirent doit rejaillir sur les vivants et leur profiter.

Jusqu'au milieu de l'année 1872 rien n'avait encore été fait pour les orphelins des départements annexés à la Prusse, et cependant la funèbre date du 1er octobre approchait; si l'on ne s'occupait de rapatrier ces enfants, on les laissait à la merci de l'étranger; on en faisait des Allemands. Cette idée frappa vivement l'esprit d'un galant homme que j'ai plaisir à nommer ici, car sa généreuse initiative aura rendu à la France des centaines de citoyens, M. A. de Gouvello; il alla trouver les présidents des Sociétés de secours qui fonctionnaient déjà et leur dit : Avez-vous pensé aux orphelins? Non, lui répondit-on ; c'est une lacune des plus graves qu'il faut combler; mais nous ne pourrions suffire à cette nouvelle tâche ; formez un Comité spécial. Ce conseil fut immédiatement suivi : M. de Gouvello groupa autour de lui un certain nombre de personnes influentes et réussit à constituer une Association chargée de rechercher, de ramener en France et d'élever jusqu'à leur majorité les orphelins Alsaciens-Lorrains.

L'œuvre était commencée; mais comment se procurer des enfants? Fin juillet 1872 on n'en avait pas un seul et il ne restait plus que deux mois pour agir! On avait sondé quelques habitants de Metz et de Strasbourg ; ils montraient une extrême froideur, craignaient de se compromettre; M. de Gouvello prit une résolution énergique ; il se rendit à Nancy et à Metz. A Nancy, il trouva un Comité d'émigration tout disposé à le seconder, qui s'engagea même à recevoir

passagèrement les orphelins et à les diriger ensuite, soit sur
Paris, soit sur telle localité qu'on lui désignerait; à Metz,
le courageux voyageur obtint de merveilleux résultats : « Je
» parvins, dit-il, à transformer en zélés agents de notre
» entreprise bon nombre de personnes qui hésitaient à y
» prendre part. En moins de quarante-huit heures, je réunis
» 14 orphelins (1). » Il partit aussitôt avec ce rare butin,
laissant, du reste, derrière lui des correspondants sûrs,
des amis dévoués. Le zèle de ces amis devait être encore
réchauffé peu après par la présence d'un jeune homme qui
mérite également d'être cité parce qu'il a montré lui aussi,
dans ces délicates circonstances, de l'intelligence, de l'acti-
vité, du dévouement, M. Jehan. Délégué à Metz par le
Comité dont il était le secrétaire, ce jeune homme recueillit,
en quatre jours, 40 enfants. C'était beaucoup trop au gré
de la police prussienne ; M. Jehan fut arrêté, accusé de rapt
d'enfants mineurs, incarcéré ; il resta deux jours au secret
et dix-sept jours en prison ; il fallut, pour le faire mettre en
liberté, l'intervention du représentant de la France près du
chef de l'armée d'occupation. Le plus curieux c'est que,
pendant sa captivité même, M. Jehan avait trouvé moyen de
continuer sous d'autres formes sa propagande patriotique ;
il détermina l'un de ses geôliers à quitter la prison devenue
prussienne et à rentrer en France ; trait charmant qui ho-
nore son auteur et doit trouver place dans l'histoire des
nobles efforts tentés pour arracher à l'étranger le plus possible de sa conquête !

(1) Lettre du 2 mai 1873. — M. A. de Gouvello m'a fourni dans cette
lettre presque tous les éléments de la conférence qu'il m'avait demandée
comme président du Comité de l'Œuvre des orphelins Alsaciens-Lorrains.

Cependant les patriotes de Nancy et de Belfort nous secondaient habilement; à Paris, les premières dépenses de l'œuvre étaient couvertes, grâce à l'empressement de généreuses femmes que dirigeait, qu'inspirait Madame de Mac-Mahon; à Metz, à Strasbourg, à Colmar, on redoublait de zèle; les autorités prussiennes essayaient bien encore d'effrayer nos amis, mais ne réussissaient pas à entraver la marche de l'œuvre dont le caractère restait absolument légal; peu à peu, la France retrouva 300 de ses enfants; nous sommes aujourd'hui à 500; et ce n'est qu'un commencement! Non-seulement, en effet, le Comité élève, patronne les orphelins qui lui sont déjà confiés, mais, chaque jour, il en recueille d'autres; tout récemment, le maire d'une petite ville annexée prévenait M. de Gouvello qu'un veuf avait disparu laissant six enfants sans ressources et que l'autorité prussienne refusait de secourir ces pauvres petits êtres, parce que leur père avait opté pour la nationalité française; on les a fait venir; leur existence et leur éducation sont assurées; je cite cet exemple; je pourrais en citer vingt autres analogues. De Nancy, de Lunéville, de Saint-Dié, de Belfort, de la plupart des villes aujourd'hui frontières, le Comité reçoit les demandes d'adoption les plus nombreuses, les plus touchantes; j'ai pris connaissance de quelques-unes, cette semaine; j'ai remarqué des lettres dans lesquelles on recommandait cinq, six, sept enfants en bas âge restés sans père ni mère. De tels chiffres ont une souveraine éloquence; ils attestent, hélas! une fois de plus tout ce que nous avons perdu dans ces belles et populeuses provinces d'Alsace-Lorraine, mais ils disent aussi ce qu'ont fait pour le Pays

les fondateurs de l'œuvre dont je vous entretiens ! J'entends
souvent répéter et je crois, pour ma part, qu'à ce moment
décisif de son histoire, à cette heure solennelle de son existence, la grande question pour la France, la question
véritablement nationale et peut-être unique, c'est celle de
l'éducation publique. Que seront les générations futures ?
Comment nos enfants comprendront-ils la vie, la politique,
les intérêts du pays, de la société ? Tout est là, dit-on, et
moi j'ajoute : c'est aussi et seulement par les enfants que
sera résolue la question d'Alsace-Lorraine ; vous connaissez
cette anecdote que Frédéric Thomas rappelait récemment :
un officier prussien demande à un petit garçon alsacien de
jouer avec sa fille ; le petit Alsacien répond : « Jamais je ne
» jouerai avec la fille d'un Prussien » et l'officier de s'écrier :
« Nous ne serons jamais les maîtres d'un pays qui peut
» élever contre nous de tels enfants ! » Curieux et significa-
tif aveu ! En vérité, je ne m'étonne pas que l'habile représentant de la France près du chef de l'armée d'occupation (1)
ait dit à M. de Gouvello : « De tous les comités organisés pour
» venir en aide aux Alsaciens-Lorrains, il n'en est aucun
» dont l'existence contrarie les Prussiens autant que le
» vôtre ». Oui, si sombre que soit l'avenir, rien n'est perdu
si nous réussissons à entretenir dans les âmes des jeunes
Alsaciens-Lorains la sainte flamme du patriotisme, si, à
force de sollicitude, nous gravons dans leur mémoire et
dans leur cœur l'image bénie de la France ! Il y a dans ce
beau livre de *l'Offrande*, que la Société des gens de lettres
a si libéralement composé pour les Alsaciens-Lorrains et

(1) M. de Saint-Vallier.

qu'elle vend à leur profit, il y a quelques pages profondément touchantes dues à la plume de Ludovic Halévy ; elles sont intitulées : 9, *rue de Provence ;* elles inspirent le désir de connaître et de seconder le Comité qui siége rue de Provence ; eh bien ! je voudrais qu'à côté de ce chapitre il s'en trouvât un autre intitulé : 1, *rue Le Peletier ;* 1, rue Le Peletier, c'est l'adresse de nos orphelins ; retenez-la, Messieurs, et servez-vous-en ! Retenez-la, Femmes qui m'écoutez et qui êtes si supérieures aux hommes dans l'art divin de pratiquer la charité ! 1, rue Le Peletier ; montez au troisième étage de cette maison ; amenez-y vos amis ; tous ensemble portez votre offrande à ce modeste bureau que je n'ai pu voir sans émotion quand j'ai su quel bien s'y faisait, combien de cœurs y avaient été raffermis et combien de misères consolées ! Mais, dès aujourd'hui, dans cette salle même, vous aurez une occasion de venir en aide à nos chers orphelins ; oui, tout à l'heure, quelques-uns d'entre eux que j'aperçois d'ici avec leur costume historique si justement populaire passeront dans vos rangs ; ah ! je vous en conjure, mes chers concitoyens, ne résistez pas à cet appel ; donnez, donnez encore ; donnez à l'Alsace-Lorraine non pas morte, comme on l'a dit, mais seulement absente et que représentent ici ces enfants au front desquels brille la cocarde tricolore !

## II

Ce n'est pas tout que de recueillir des orphelins ; qu'en fera-t-on ensuite ? Dans quelles voies faudra-t-il les diriger ?

Questions fort graves, fort complexes ; voyons comment elles ont été résolues.

Nulle hésitation possible au sujet des enfants qui, ayant commencé l'apprentissage d'un état, désirent le continuer ; on les entretient dans ces excellentes dispositions ; on les place ; les vocations déterminées sont trop rares aujourd'hui pour n'être pas vivement encouragées lorsqu'elles se présentent.

Quelques familles ont admis à leur foyer un, deux orphelins ; elles se sont chargées d'assurer leur sort ; le Comité ne peut que laisser à de tels bienfaiteurs la responsabilité d'une tâche si librement et si noblement entreprise ; son droit de surveillance subsiste mais doit nécessairement, en pareil cas, s'exercer à distance. Un fait bien digne de remarque, c'est que les familles dans lesquelles nos orphelins trouvent ainsi asile ne sont pas toutes riches, bien s'en faut ; la liste, liste d'honneur, est curieuse à étudier ; j'y vois de petits commerçants, des cultivateurs, un instituteur !

Nous avons commencé par les exceptions ; voyons la règle ; passons au cas le plus fréquent, celui d'un enfant trop jeune pour avoir pris un parti et resté complétement à la charge du Comité. Fille ou garçon, c'est à la campagne que nous envoyons d'abord ce petit être ; nous le plaçons en bon air et nous lui assurons les soins les plus particuliers dans des asiles ruraux ; il y recevra, avec l'instruction primaire, une saine éducation morale ; il n'en sortira qu'à douze ans, au moment où ses forces lui permettront de se livrer à un travail vraiment utile. Mais quel genre de travail lui demandera-t-on ? L'enverrons-nous grossir la foule déjà trop compacte des villes ?

Le Comité comptait dans son sein quelques esprits vivement préoccupés d'un des maux les plus réels de notre époque, l'abandon du travail des champs, la dépopulation des campagnes ; ce mal a causé, dans notre pays spécialement, les plus déplorables ravages. Il y a longtemps que Sully l'a dit et l'on ne se souvient pas assez de ce mot toujours vrai : « Labourage et pâturage sont les deux mamelles de la France. » L'agriculture, voilà par excellence la source de nos richesses, voilà notre principale force ; Dieu semble avoir béni, entre toutes, cette terre de France ; dans l'antiquité comme dans les temps modernes, sa fécondité, la variété, la perfection de ses produits ont fait l'admiration du monde. Eh bien ! ce sol fertile nous n'avons plus assez de bras pour le défricher ! Il y a vingt-cinq ans déjà que l'économiste Adolphe Blanqui signalait et déplorait, dans un rapport resté célèbre (1), cette situation ; elle n'a fait qu'empirer depuis ; on n'a rien ou presque rien tenté pour arrêter le mouvement de plus en plus prononcé des populations agricoles vers la ville, pour faire refluer les habitants des villes dans la campagne. M. Adolphe Blanqui demandait que l'on combinât les travaux des manufactures avec ceux des champs, qu'on éconduisit peu à peu l'industrie des grandes villes pour l'établir à la campagne, et il formulait son *desideratum* en ces termes : « A partir de ce » jour, tout projet d'usine nouvelle devrait être interdit au » sein des cités peuplées de plus de vingt mille âmes et » dans un rayon déterminé. » Il y aurait bien d'autres me-

(1) Rapport adressé à l'Institut sur la situation des classes ouvrières en France pendant l'année 1848, par Adolphe Blanqui, membre de l'Académie des sciences morales, ancien député de Bordeaux. Paris, Pagnerre, 1849.

sures analogues à prendre, et l'une des premières, à mon sens, devrait être de transporter hors des villes tous les établissements où l'internat par grandes masses serait toléré. Je dis, à dessein, toléré; je crois, en effet, que le système de l'internat devrait être non la règle, mais l'exception en toute matière; je lui attribue une grande part de nos fautes, de nos erreurs, de nos malheurs depuis des siècles; d'ailleurs, en attendant ces réformes fondamentales qui s'imposeront un jour d'elles-mêmes, pourquoi la bienfaisance publique ne s'exerce-t-elle pas davantage à la campagne? Nous justifions trop ce cultivateur qui disait : « Si j'étais allé » m'établir dans la cité voisine, mes enfants auraient d'abord » la crèche et la salle d'asile, les écoles gratuites, puis les » sociétés de secours mutuels, l'hôpital ou le secours à domi-» cile, s'ils étaient malades, enfin l'hospice dans leur vieil-» lesse. Ici, c'est à peine s'ils pourront aller quelques mois » d'hiver à l'école du village; s'ils sont souffrants, ils n'au-» ront droit à aucune protection ni pendant leur enfance, ni » dans l'âge mûr et leur vieillesse restera, comme la mienne, » à charge à leurs familles (1). » Il y a réellement beaucoup à faire dans les campagnes pour l'enfant, pour l'adulte, pour le vieillard; sur certains points du territoire, de généreuses tentatives ont eu lieu et ont été couronnées de succès; entre autres institutions excellentes, on a créé dans vingt ou vingt-cinq départements, indépendamment des asiles ruraux pour la première enfance, des orphelinats agricoles.

Savez-vous ce que c'est, Messieurs, qu'un orphelinat

---

(1) *La dépopulation des campagnes*, brochure par M. A. de Gouvello. Paris, Blériot, 1869, page 24.

agricole? C'est une maison d'école entourée de quelques hec-
tares de terre où les différents genres de culture en usage
dans la contrée puissent être appliqués; quelques vaches,
des porcs, des poules, des lapins donnent le laitage, la
viande et le fumier; une buanderie, un lavoir, un séchoir,
complètent l'installation; un petit nombre d'orphelins sont
réunis dans cette maison; ils y entrent à douze ans, ils
en sortent à leur majorité. Les garçons se forment aux
bonnes méthodes agricoles, à l'éducation des bestiaux; les
filles s'exercent à la cuisine, à la grosse couture, à la les-
sive, aux soins d'une maison rustique et de la basse-cour :
les uns et les autres reçoivent un complément d'instruction; à partir d'un certain âge, variable selon les localités
et selon les sexes, mais qui est, en général, voisin de la
quinzième année, on leur attribue des gages; bien mieux,
on les intéresse au succès de l'exploitation en leur assignant
une part dans les bénéfices; à leur majorité, on leur remet
la somme qu'ils ont gagnée, on les place, on les suit, on
les aide encore dans la vie s'ils ne déméritent pas de tant
de bienveillance. Que dites-vous, messieurs, de telles créa-
tions? N'y a-t-il pas là une grande et féconde pensée heu-
reusement appliquée? Saluons en passant les hommes pré-
voyants, les intelligents bienfaiteurs qui ont organisé ces
écoles d'agriculture d'un nouveau genre; souhaitons que
de si précieuses institutions se multiplient sur toute la sur-
face du territoire; elles rendront d'inappréciables services!

C'est dans les orphelinats agricoles que nous envoyons
nos chers enfants d'Alsace-Lorraine; la ville regorge d'ou-
vriers, d'artisans, de petits employés; modistes, fleuristes,
couturières, femmes de chambre, bonnes d'enfants, y abon-

dent; tout ce monde n'est guère heureux; beaucoup végè-
tent, tombent dans la misère et parfois de la misère dans la
honte. Nous voudrions, nous, former des cultivateurs, des
fermiers, dont l'ambition fût de devenir propriétaires et,
d'autre part, de bonnes ménagères, des femmes ayant leur
*chez soi* et l'aimant; nous désirerions inspirer à nos
orphelins un attachement invincible pour le pays qui leur
a ouvert ses bras et en faire des hommes, des femmes utiles
à ce pays lui-même; il faut que la générosité et le patriotisme s'exercent d'une manière conforme aux intérêts, aux
besoins du temps et de la société.

Aidez-nous, Messieurs, aidez-nous dans cette grande
tâche; aidez-nous de toutes vos forces; les Alsaciens-Lorrains nous doivent déjà beaucoup; c'est pour eux que nous
avons voulu, quoique surpris et désarmés avant d'avoir
combattu, lutter à outrance contre les forces écrasantes de
l'étranger vainqueur; c'est pour eux que nous nous étions
résolus à ne pas céder avant d'avoir versé tout notre sang
et donné tout notre or; achevons par nos bienfaits durant la
paix ce que nos sacrifices ont commencé pendant la guerre!
Hélas! mes chers concitoyens, nos jours se passent à nous
déchirer les uns les autres; de misérables ressentiments
nous agitent; des passions aveugles nous entraînent; sans
cesse, des querelles byzantines renaissent entre les enfants
de la même mère, et, pendant ce temps, nous oublions les
douleurs, les misères de cette mère elle-même, et parmi
tant de victimes que font nos dissensions, c'est la Patrie qui
devient la plus triste, la plus déplorable victime! Unissons-
nous, du moins, sur le terrain des œuvres à la fois généreuses et nationales; elles ne manquent pas en ce moment;

je viens de vous en donner un nouvel et touchant exemple ;
peut-être, nos haines s'émousseront-elles quand nous nous
serons vus de près dans les calmes régions où tous nous
formons les mêmes vœux, où nous n'avons, pour ainsi dire,
qu'un cœur et qu'une âme ; quand ce rapprochement ne
ferait qu'éclairer un peu les uns sur les autres quelques
honnêtes gens trompés par les apparences et les distances,
ce serait déjà beaucoup, oui, beaucoup pour la paix publique, pour le rétablissement de la concorde, inestimable
bien, force immense dont la France est depuis trop longtemps privée et que tous les bons citoyens doivent travailler
à lui rendre !

FIN

PARIS. — IMPRIMERIE DE E. MARTINET, RUE MIGNON, 2